ÉLOGE
DE
M. H. TESSIER

« Quoi de plus noble que de s'intéresser aux
» succès d'un confrère et d'être soigneux de sa
» renommée ! — Quoi de plus doux que d'aller au-
» devant du mérite le plus modeste et de ne pas le
» laisser sans récompense ! »

H. TESSIER. — Préface du
Traité de la Dot.

ÉLOGE

DE

M. H. TESSIER

PRONONCÉ

A LA CONFÉRENCE DES AVOCATS DE BORDEAUX

le jeudi 15 décembre 1864

PAR

M. LUDOVIC TRARIEUX

Avocat à la Cour impériale

BORDEAUX

IMPRIMERIE GÉNÉRALE D'ÉMILE CRUGY

16, RUE ET HÔTEL SAINT-SIMÉON, 16

1864

Monsieur le Batonnier,

Messieurs et chers Confrères,

La vie dont je viens vous entretenir n'est pas de celles qui répandent sur notre Ordre l'éclat d'une grande célébrité ; elle appartient tout entière à la science, et s'est écoulée simple et modeste dans l'étude austère du droit. Nous y trouvons peu des côtés séduisants qui distinguent la plupart des grands avocats dont notre Barreau s'honore, mais elle nous présente le spectacle de tous les mérites et de toutes les vertus qui sont le plus précieux ornement des nobles âmes.

A peine cette vie s'est-elle éteinte que, par une pieuse et touchante pensée, notre Conseil a voulu lui rendre un solennel hommage. — C'est à une année de date que les honneurs du panégyrique suivent les tristes soins de la sépulture. Cet empressement à porter sur une tombe aussi récente l'encens d'un éloge officiel dit assez quels regrets unanimes la mémoire du défunt a laissés parmi nous, et quel légitime orgueil nous inspire le souvenir de sa sagesse et de ses travaux. — Le nom de M. Tessier n'avait besoin, du reste, ni du temps, ni de la distance pour grandir son prestige. Si, pour certaines illustrations, la glorification posthume doit prudemment attendre le suffrage toujours complaisant de la postérité, celle de notre vénéré confrère ne pouvait trouver d'auditeurs mieux disposés que les témoins mêmes de la carrière où s'est acquise sa renommée. — Quand la gloire se fonde moins sur les brillants succès de l'esprit que sur la grandeur morale de l'intelligence et du caractère, elle n'a rien à redouter des rivalités contemporaines. Ce n'est pas seulement alors de l'admiration qu'elle excite, elle impose à tous considération et respect, et chacun prend plaisir à lui apporter son tribut de louanges, afin d'en encourager le culte et l'imitation.

Les qualités dont M. Tessier nous fournit l'exemple me semblent, en effet, Messieurs, contenir pour nous les plus utiles enseignements. Conduit par vocation dans nos rangs, il fut, à coup sûr, un des avocats de son temps les plus entièrement dévoués au Barreau. Il l'avait en si haute vénération, qu'il lui consacra sa vie tout entière, sans jamais chercher ailleurs les profits et les avantages qu'il fut loin d'y trouver toujours. Comme toutes les droites natures, il plaçait au-dessus de l'intérêt le devoir professionnel. — Dans les charges qu'il exerça parmi nous, il se montra toujours soucieux de maintenir inflexible et sévère notre discipline intérieure. — Indulgent à l'extrême pour tous ceux qui l'approchaient, il ne manquait cependant pas d'un énergique courage s'il fallait reprendre et blâmer les abus dont la dignité de notre corporation pouvait souffrir. Il tenait que, si nos vertus sont solidaires, nos fautes deviennent aussi communes, et qu'à une époque de délabrement social, où les faveurs de la fortune semblent devenir le dernier mot des espérances de l'homme, nous ne pouvons conserver notre antique prépondérance qu'en restant tous fièrement unis dans nos traditions d'indépendance et de désintéressement. — Pourrait-il donc être de plus salutaires leçons à suivre que celles d'une semblable existence? — N'y trouvons-nous pas tout ce qui confirme et rehausse l'influence de notre Ordre? — Ah! sans doute, les grands triomphes de l'éloquence, les honneurs conquis dans la vie publique sont mieux faits peut-être pour tenter nos convoitises et stimuler notre zèle..... Mais, avant de céder à d'ambitieuses aspirations, il est bon d'apprendre ce qui fait les hommes de bien et les citoyens utiles.

Étienne-Guillaume-Honoré Tessier naquit à Bordeaux, le 18 août 1791. — Il ne trouva dans sa famille aucune de ces traditions qui souvent décident de notre carrière. Ses parents appartenaient à cette classe laborieuse de la bourgeoisie, qui se livre indifféremment à toutes les branches de l'activité humaine. A leur contact il prit, de bonne heure, cette pratique obstinée du travail qui fut toujours sa loi : — c'était, à coup sûr, le meilleur enseignement moral qu'il en pût recueillir. Il reçut une instruction soignée, et présagea, dès ses débuts, par les grands succès qu'il obtint, les côtés sérieux et solides de son intelligence. Il avait manifesté dans la pension qu'il fréquentait à Bordeaux une telle supériorité sur ses condisciples que, pour lui fournir des maîtres et des rivaux dignes de lui, on l'envoya terminer ses classes dans un des établissements les plus renommés de Paris, où il se distingua bientôt par son zèle et son assiduité.

Ses humanités terminées, un goût particulier pour le droit lui fit concevoir le désir d'entrer au Barreau. Son père ne voulut point contrarier un penchant aussi vif, et lui facilita les moyens de suivre les cours de l'École. Pendant toute la durée de ses études, on le vit fuir avec soin les bruyants plaisirs où ses camarades voulaient parfois l'entraîner. Isolé et solitaire, plongé dans le travail et la méditation, il donnait à son esprit une maturité précoce et préparait les nombreux matériaux dont il composa plus tard ses différents écrits.

La sagesse de sa conduite, Messieurs, n'avait pourtant rien de morose, et ne ressemblait point à la froideur chagrine de ces natures sans passion, qui paraissent n'avoir aucun mérite à traverser d'un pied ferme les dangers des premières épreuves. Honoré Tessier était plein de chaleur : — aimant et expansif, son cœur dut avoir plus d'une fois à combattre les séductions et les entraînements du jeune âge; mais y céder eût été pour lui une infidélité à la science dont il avait fait l'aliment passionné de sa vie. Ceux qui vécurent dans son intimité peuvent dire, du reste, s'il conserva longtemps cette vivacité et cette fraîcheur de sentiments qui prouvent un sang généreux. Quand vinrent les glaces de l'âge, elles semblèrent n'avoir rien attiédi dans son âme, et il retrouva sous ses cheveux blancs toute la vigueur et toute la séve qu'avait économisées sa jeunesse.

Malgré son amour pour les occupations juridiques, il savait toutefois ne pas se renfermer exclusivement dans le cercle étroit qu'elles lui traçaient. Il cultivait aussi avec bonheur le champ plus riant et plus vaste de la littérature et de la philosophie. Il envisageait volontiers les grands horizons métaphysiques, et se laissait facilement captiver par les beautés de la forme et les grâces de l'esprit. — Il se complaisait surtout aux charmes de la poésie, et s'essayait même parfois avec succès *à cueillir quelques fleurs dans le sacré vallon*. Cette culture des lettres ne fut point seulement l'agrément utile de ses loisirs; — tout en prémunissant son intelligence contre la sécheresse et la stérilité des travaux techniques, elle en éleva le niveau, et fournit un précieux auxiliaire à son savoir dans l'art de penser et d'écrire.

Il ne nous a pas été donné d'apprendre quels furent principalement dans ses diverses études les modèles que le jeune Honoré Tessier prit pour guides. Sa vive imagination s'éprit sans doute des grands talents que son temps vit naître. Ce milieu parisien, où le courant des idées est si rapide, ne pouvait que convenir aux besoins de son activité. C'était, d'ailleurs, l'époque fertile de renaissance où venaient de paraître les élégants essais de Mme de Staël, — où la France entière applaudissait à la flamboyante éloquence de Châteaubriand, — où les amis des arts saluaient dans Gros et dans Géricault la rénovation de la grande peinture, — où Talma ranimait sous le souffle de son génie antique le masque glacé de la tragédie.

Quand il eut pris ses grades de licence, c'est dans sa ville natale, Messieurs, qu'Honoré Tessier voulut venir exercer sa profession. — S'il quittait, dans la capitale, le foyer rayonnant de tant d'illustrations diverses, il devait retrouver à Bordeaux, au sein même de notre Compagnie, de nouvelles et fécondantes admirations. Par un singulier privilége, notre Ordre a toujours compté dans ses rangs des intelligences et des caractères d'élite; mais il était alors aux jours de sa plus éblouissante splendeur. A sa tête brillaient encore, du plus vif éclat, des hommes que nous sommes accoutumés à considérer comme l'éternel honneur de notre Barreau.

Les souvenirs d'héroïsme et de grandeur sont un passé qui oblige. Les successeurs des Vergniaud, des Guadet, des Gensonné, des Grangeneuve et des Barennes avaient voulu mériter la gloire d'une telle descendance. Une vaillante émulation s'était formée pour entretenir et perpétuer sur notre tableau le renom de vertu et d'éloquence que lui avaient conquis, dans de mémorables luttes, ces intrépides ancêtres. Sous la vigilante égide de Guillaume Brochon, de Denucé, de Martignac père, ces fidèles et pieux gardiens de nos anciennes mœurs, notre corporation, un instant immolée dans des jours de détresse, s'était régulièrement reconstituée depuis le décret du 12 décembre 1812. Autour de ces vénérables patriarches se groupait une seconde Gironde.

C'était d'abord Ferrère, cette bouche auguste dont les

accents merveilleux et enchanteurs eussent demandé pour tribune les rostres du forum ;

Lainé, fier et puissant type d'indépendance, dont la loyauté politique s'imposait au respect de ses ennemis eux-mêmes ;

Ravez, dont la science profonde et sûre savait si discrètement se parer des ornements du beau langage ;

De Saget, dont l'air mâle et martial révélait tant de chaleur d'âme et d'entraînante fougue ;

Peyronnet, si dangereux par l'audace de ses apostrophes, la véhémence de ses reparties, l'atticisme de son ironie toujours prête ;

Louis Brochon, cet esprit aussi vaste que divers ;

Enfin Martignac fils, ce gracieux diseur dont la parole harmonieuse et souple savait couvrir de fleurs jusqu'aux détails les plus arides des affaires.

Tel était, Messieurs, le nouveau centre où le jeune avocat venait vivre. A cette école, il ne pouvait certes que se fortifier dans sa vocation première. — Un des charmes de notre confraternité, c'est qu'unis par les liens les plus intimes, la gloire des plus célèbres semble éclairer de ses reflets les plus ignorés et les plus modestes. L'humble débutant se sent flatté des remarquables talents qui l'environnent ; — il prend sa part des applaudissements qu'ils obtiennent, et devient fier de remplir un ministère où l'on peut remporter tant d'honneurs et de lauriers. — Ce ne fut pas seulement, du reste, un sentiment de fierté qui dut chatouiller le cœur d'Honoré Tessier, quand il se vit le confrère de ces maîtres éminents. Il y avait en eux, en effet, plus que l'auréole du génie et les glorieux reliefs de la renommée ; il y avait aussi chez tous cette rigide probité, ce culte consciencieux du devoir, cette chevaleresque délicatesse qui ont fait dans tous les temps notre vraie noblesse. Or, c'étaient là surtout les mérites qui devaient séduire son esprit élevé.

Aussi en garda-t-il toute sa vie une impression profonde, et se plaisait-il souvent à en rappeler les nombreux traits.

C'est en 1814, Messieurs, qu'il prêta serment. Après ses huit années de noviciat, il eut l'inscription au tableau avec toutes les prérogatives et tous les avantages que la qualité d'avocat comporte. Nulle profession n'est peut-être aussi égalitaire que la nôtre : il suffit d'y justifier d'un grade, et l'on y devient le pair des plus notables. Parmi nous, point de cette écrasante hiérarchie qui, dans tant d'autres carrières, attriste et humilie les débuts. Ici chacun ne relève que de soi. C'est un modèle de bonne république où les moins favorisés du sort n'ont jamais connu l'oppression d'aucune supériorité, et où les profits des grandes clientèles n'ont jamais craint aussi les convoitises du communisme. Ce nouveau régime était d'un grand prix pour le jeune jurisconsulte. Il était de ceux, en effet, qui ont horreur de tout joug, et qui aiment à se développer librement dans la plénitude de leurs moyens. Se sentant dès lors sur un terrain où chacun ne vaut que par ses propres ressources et ses efforts personnels, il ne songea plus qu'à suivre les traces des hommes illustres dont il s'honorait d'être déjà l'égal par le titre.

Avant d'avoir rencontré la voie qui pouvait le mieux plaire à ses aptitudes, M. Tessier s'interrogea et s'essaya pendant quelques années. La vie des grands Barreaux a l'avantage d'offrir aux talents les plus divers le choix de plusieurs spécialités. D'un côté, voici ouverte la noble arène des débats criminels.... Ce n'est pas seulement de la fortune d'un citoyen qu'il s'agit ; c'est quelquefois sa vie, toujours sa liberté et son honneur qui sont le terrible enjeu de la lutte. Pour affronter de pareils périls, il faut la fermeté du cœur, l'élan de l'improvisation, l'art d'une voix émue et sympathique. — Dans cette autre enceinte, au contraire, on n'agite que les froides questions du droit strict. — Ici, à toutes les richesses de l'imagination on préfère les lumières d'un sage bon sens. — Sur un autre théâtre, enfin, se débattent les plus importants intérêts commerciaux de la cité : — là, le triomphe appartient surtout aux esprits déliés, pénétrants et pratiques.

Quelques-uns, spécialement doués, ont pu parfois, Messieurs, aborder avec le même succès ces diverses branches..... Mais ces génies féconds et variés, qui semblent n'avoir jamais connu aucun obstacle, sont une classe bien peu nombreuse. — Honoré Tessier, il faut le reconnaître, ne présentait point ce caractère d'universalité. La nature lui avait refusé ces dons extérieurs et ces séductions physiques si utiles à l'orateur. Son maintien, son geste, son organe, n'avaient rien qui frappât l'attention. Il montrait même dans son élocution un certain embarras qu'il ne put jamais bien vaincre. En un mot, il eût été inhabile à soutenir un rôle dont l'éloquence eût été l'apanage obligé. En revanche, son travail, son savoir, son droit jugement l'eussent bientôt rendu propre au maniement des affaires ; mais un singulier événement devait, jeune encore, l'éloigner de la carrière militante et le ramener dans le calme des études théoriques.

Cet événement, Messieurs, quelque émotion qu'il ait causé dans notre Ordre, je n'hésite pas à le rappeler ici.

Il y avait quinze ans environ qu'Honoré Tessier plaidait au Palais. Un jour, il se trouvait engagé, devant le Tribunal civil, contre un confrère dont le nom est cher parmi nous. L'objet de la difficulté était minime. Question de vice rédhibitoire..... C'était un cheval morveux ou fourbu qui faisait tout l'intérêt du procès.

On remarqua que Me Tessier s'échauffait plus que de coutume. Son adversaire, piqué au jeu, n'eut pas moins de vigueur. Il s'échangea entre eux de vives répliques..... Enfin, le Tribunal, entraîné lui-même par l'animation de l'audience, statua séance tenante après un court délibéré. Sa décision était pour Tessier une entière défaite, quand il avait prédit à son client une victoire certaine. Il fut alors si surpris, si désappointé, si indigné, qu'oubliant et la majesté du lieu, et les devoirs de sa robe, il jeta violemment par terre sa toque et son dossier. Grand émoi, Messieurs, dans l'assemblée ! — Assurément, le Tribunal eût pu lui faire rendre un compte sévère de cet égarement ; mais il inspirait déjà aux magistrats eux-mêmes tant d'estime et d'affection, qu'on ne songea pas à lui en adresser le moindre reproche. — A l'instant, au contraire, l'un de ses juges, pardonnant l'injure qui lui était commune, et tout occupé du tort qu'une pareille aventure pourrait causer à l'avocat, s'élança spontanément de son siége pour le presser dans ses bras et le rappeler à la raison. Profondément attendri par une telle marque d'intérêt, Tessier offrit aussitôt l'expression de ses regrets, et ne crut pas pouvoir en mieux prouver la sincérité qu'en disant un éternel adieu à la barre, où désormais, en effet, on ne le vit plus reparaître.

C'est ainsi, Messieurs, que la plaidoirie perdit une des lumières dont les premiers rayons avaient pu faire le mieux augurer de l'avenir !

On ne laissa pas sans doute de critiquer cette anecdote. Si, après un aussi long oubli, je n'ai pas craint d'en exhumer le souvenir, c'est que, pour ma part, je n'y ai rien vu qui pût amoindrir à nos yeux le caractère de M. Tessier. Il avait d'abord pour excuse l'agitation fébrile d'un chaud débat ; et puis enfin, s'il a été entraîné par un besoin trop impérieux de justice, par le zèle d'une conviction trop chaleureuse, sachons reconnaître qu'il n'est pas permis à tous de pécher par un semblable excès. — Permettez-moi, Messieurs, de trouver encore quelque grandeur dans les emportements irréfléchis d'Alceste.

Quoi qu'il en soit, en se retirant de la scène active, Honoré Tessier courait le risque de se voir bientôt oublié. Telle est la vanité des choses d'ici-bas ! Pour qu'on songe à nous, — il nous faut attirer les regards, nous montrer debout dans la lice ; — aussitôt disparus, hélas ! aussitôt éclipsés. — Pendant plusieurs années, en effet, le nom du jeune maître tomba dans une obscurité profonde ; mais sa courageuse nature ne se laissa point amollir. — C'est à la persévérance et à l'ardeur de ses veilles qu'il demanda dès lors la réputation dont il était jaloux.

Nous touchons, Messieurs, à cette période de sa carrière où la figure d'Honoré Tessier va se montrer à nous sous son vrai jour, — la période de ses grands travaux juridiques. — Je demande à vous arrêter quelques instants sur les divers ouvrages que la science lui doit.

Ce serait une étude à la fois intéressante et instructive qu'une analyse approfondie de ces ouvrages. Je regrette que le cadre restreint de ce discours ne me permette que de l'effleurer à peine ; mais un éloge ne saurait être une dissertation didactique, et je ne puis vous donner ici qu'une notice discrète et sommaire.

Le premier traité qu'il ait publié, c'est son *Traité de la Société d'acquêts* suivant les principes de l'ancienne jurisprudence du Parlement de Bordeaux. C'est en 1829 qu'il parut. M. Tessier n'avait alors que trente-huit ans. Ce livre, si précieux par les lumières qu'il jeta sur une matière obscure et mal connue, acquit bientôt une grande notoriété. On y trouve des trésors d'érudition si nombreux, qu'un jurisconsulte de l'époque, pensant qu'un tel ouvrage ne pouvait être que le fruit d'une laborieuse vieillesse, écrivit, en citant quelques-unes des opinions du jeune savant : « Tel est l'avis du vénérable M. Tessier. » C'était, à coup sûr, le plus flatteur hommage qu'on pût lui rendre.

Ce livre est ainsi divisé :

Un article préliminaire où sont recueillies avec soin toutes les autorités desquelles il résulte que la plupart des coutumes avaient admis, entre époux, une espèce de société de biens ignorée des Romains, connue sous le nom de communauté légale.

Deux titres :

Le titre Ier s'occupe de la société d'acquêts considérée indépendamment de toute affectation en faveur des enfants. — Dans ce titre, après avoir déterminé les biens qui composaient cette société et les éléments de son passif, l'auteur traite des droits de chacun des époux associés, et fixe, une fois cette société dissoute, les effets de l'acceptation ou de la renonciation qui étaient facultatives à la femme.

Le titre II est intitulé : « De la réserve des acquêts en faveur des enfants. »

Dans la première partie, la réserve contractuelle des acquêts est envisagée, abstraction faite de la faculté d'avantager. — La seconde est consacrée à indiquer tous les effets de cette faculté.

Enfin, un appendice est employé à examiner quelle peut être l'influence du Code civil sur les sociétés d'acquêts stipulées avant sa promulgation, et à discuter si, sous son empire, la clause d'affectation peut encore être admise.

Ce traité fut composé, Messieurs, sous les auspices de M. Ravez, qui était alors premier président de la Cour royale. M. Tessier a raconté à quelques-uns de ses amis intimes l'accueil qu'y fit ce grand magistrat.

M. Ravez, bien que d'un caractère au fond affable et bienveillant, se montrait dans ses formes toujours froid et réservé. Il ne connaissait jusque-là aucun des mérites scientifiques du nouvel auteur. Il n'avait pas voulu refuser de prêter son nom à une dédicace; mais ce n'était point une promesse de patronage qu'il avait entendu contracter par là. Il désira le bien faire comprendre à Tessier. Quand ce dernier vint lui présenter son manuscrit, il le reçut avec cette imposante dignité qui lui était habituelle, sans lui donner aucune de ces félicitations si encourageantes lorsqu'elles émanent de si haut.

Le cœur simple et bon de M. Tessier fut profondément peiné de cette glaciale attitude ; mais une humiliation plus dure lui était encore ménagée.

A quelque temps de là, il revint demander l'avis du maître. En pénétrant dans son cabinet, quel fut le premier objet qui frappa ses yeux? Hélas ! il vit son ouvrage à la même place où sa main l'avait déposé. M. Ravez ne l'avait évidemment pas ouvert. Un tel dédain, de la part de celui-là même dont Tessier eût le plus envié l'éloge, fut, a-t-il dit, un des plus cruels mécomptes qui l'aient jamais atteint.

Il ne devait pas tarder toutefois à en recevoir l'ample réparation. Bientôt M. Ravez, éclairé par la voix de la renommée, voulut s'édifier sur l'œuvre qui lui était dédiée, et ne laissa pas d'en apprécier toute la valeur. Il témoigna, dès lors, pour le savoir de M. Tessier, une sincère déférence, et le tint désormais dans la plus haute estime.

En somme, Messieurs, qu'eussent été tous les compliments de pure et banale politesse auprès de ce tardif mais consciencieux suffrage ?

Le traité de la Société d'acquêts, après s'être ainsi imposé au premier jurisconsulte du temps, devint rapidement une des autorités les plus respectées dans la matière. On peut dire qu'il fixa pendant plus de quinze années toutes les décisions de notre Cour.

C'est en 1835 que M. Tessier publia son *Traité sur la Dot,* suivant le régime dotal établi par le Code civil.

Ce livre n'eut pas, paraît-il, le succès du précédent, et ne présente peut-être pas non plus un égal mérite ; — c'est néanmoins un des commentaires les plus sérieux qui aient été écrits sur cette grave matière du régime dotal.

La division en est simple et logique.

Qu'est-ce que la dot ? — Comment et quand se fait la constitution de dot? — De quelles stipulations peut-elle être l'objet? — Quels biens peuvent la composer, et quelles personnes la constituer? — Telles sont les principales questions envisagées dans le premier volume. Le second traite de l'inaliénabilité et de l'imprescriptibilité des biens dotaux, — des droits et obligations du mari sur ces biens, de leur restitution, et de l'hypothèque qui la garantit.

Ce traité a été complété par un autre livre publié en 1852, sous le titre de *Questions sur la dot*.

S'il est possible, Messieurs, de hasarder sur ces trois ouvrages une très-humble critique, nous nous permettrons de blâmer leurs trop volumineuses annotations. Par excès de conscience et de zèle, M. Tessier nous semble avoir surchargé sa rédaction de renvois, de citations et de documents plus incommodes qu'utiles. — C'est là, à notre avis, un surcroît embarrassant de richesses. — A travers ce dédale d'incidents, la pensée distraite est astreinte à trop d'efforts pour rattraper le fil de l'attention qui lui échappe.

Ce défaut, qu'il serait si facile, du reste, de corriger, offre, en outre, cet autre inconvénient de trop noyer ce qui appartient à l'auteur dans ce qui ne lui est pas propre, et d'avoir parfois provoqué contre lui le reproche immérité de compilation.

M. Tessier était toutefois, Messieurs, bien loin de n'être qu'un compilateur. Sa méthode, il est vrai, est l'exégèse, et rarement il s'élève au-dessus des considérations de texte et des précédents juridiques pour chercher dans la raison pure et dans les principes immuables du droit naturel une base à ses décisions; — mais tous ses écrits ne portent pas moins le cachet d'une originalité incontestable. On retrouve dans tous un style simple et robuste, une merveilleuse netteté d'analyse, une égale sûreté de vues. Un de ses principaux mérites est surtout le soin scrupuleux de ses études. Il était si peu confiant dans son propre jugement, qu'avant d'émettre une opinion quelconque, il ne croyait jamais pouvoir trop s'entourer de lumières.

Pour décider les questions les plus simples en apparence, il remontait toujours aux sources premières, et ce n'était qu'après un examen profond de toutes les doctrines professées qu'il osait se prononcer. Dans cette élaboration préliminaire, il tenait compte des moindres autorités, et son unique traité de la Société d'acquêts m'a révélé plus de soixante noms entièrement obscurs d'anciens auteurs. — Loin de taire et de dissimuler les monuments de jurisprudence défavorables à ses doctrines, il lui fallait avoir triomphé de toutes les objections avant d'exprimer son avis; — encore le présentait-il le plus souvent moins comme une décision certaine que comme une raison de douter. — Plein d'une stricte bonne foi, il n'alléguait jamais un texte sans l'avoir lu lui-même, et il s'indignait souvent de la légèreté avec laquelle certains jurisconsultes dénaturent les documents auxquels ils vont puiser. — On raconte que, dans le seul but de réfuter les citations d'un ouvrage qu'il savait erronées, il fit venir à grands frais d'Italie, ne pouvant se les procurer en France, les œuvres latines du cardinal de Lucca, publiées sous le titre de : *Theatrum veritatis et justitiæ*.

Cet amour de la vérité lui fit plusieurs fois engager des polémiques et publier des brochures. Les principales qu'il m'a été donné de lire se réfèrent à la matière favorite qu'il a surtout approfondie. Ce sont :

Une dissertation sur les reprises de la femme;

Une dissertation sur l'acceptation de l'emploi par la femme;

Une dissertation sur l'invalidité, sous le Code Napoléon, de la clause d'affectation d'acquêts aux enfants à naître du mariage;

L'examen de la question de savoir si ce que le mari donne par contrat de mariage à sa femme est et peut être dotal?

Jusqu'à la dernière heure, il n'interrompit pas un seul

instant ses travaux. Peu d'existences ont été plus laborieusement occupées. Il venait d'achever, quand la mort l'a inopinément surpris, un traité inédit du régime hypothécaire ; — et l'on a trouvé parmi ses papiers d'importantes notes qu'il se proposait de fondre dans une édition nouvelle des traités de la Société d'acquêts et de la Dot.

Grâce aux succès de ses différents ouvrages, Messieurs, à l'éloge qu'en firent les jurisconsultes du plus grand nom, M. Tessier avait fini par inspirer au Palais une confiance unanime. — Dès qu'un point de droit épineux, une solution embarrassante s'offraient dans un procès, ses confrères étaient heureux de pouvoir les lui soumettre. Il ne prononçait jamais qu'après mûre réflexion ; — mais son opinion, une fois assise, était au débat d'un poids redoutable, et les magistrats comptaient avec elle. — Il devint alors un des avocats consultants les plus estimés de notre Barreau.

La consultation, Messieurs, est un côté important et difficile de notre profession. Les talents qu'elle comporte ne ressemblent en rien aux talents que nécessite l'art de la plaidoirie. — Consulter, c'est, dans le recueillement de la méditation, compter ses forces, supputer celles de l'ennemi, prévoir ses moyens et ses ruses, fixer le terrain du combat, dire l'heure opportune de l'attaque ou de la retraite. — Plaider, au contraire, c'est, l'arme au poing, s'élancer sur le champ de bataille pour y soutenir l'assaut qu'il n'est déjà plus possible de retarder. Sans doute, Messieurs, la vaillance du capitaine s'allie souvent à l'habileté du stratégiste ; mais les deux mérites ne doivent point se confondre : — fréquemment, vous le savez, il leur arrive de ne pas marcher de front.

L'avocat consultant doit donc avoir pour les plaideurs toute la sagesse d'un mentor. Son cabinet ressemble au sanctuaire d'un augure ; on n'y pénètre qu'avec une religieuse inquiétude... C'est là que la science tient ses oracles ! — M. Tessier possédait à merveille la simplicité austère qu'exige une telle mission. Tout, autour de lui, disait les labeurs de sa vie. Sa volumineuse bibliothèque, garnie d'in-folios séculaires, occupait deux appartements. On le sentait là dans son élément favori. Sa gravité, toutefois, était sans apprêt et sans emphase ; — elle n'imposait aucune gêne ; — dès le premier abord, on était gagné par l'affabilité de son accueil et la brusque franchise de ses manières.

Ainsi que tous les vrais savants, Messieurs, il était insoucieux des soins matériels de l'existence. Dans une affaire, il ne voyait jamais l'intérêt du profit, et ne s'y attachait qu'en raison des difficultés qu'elle pouvait offrir. Il n'eût voulu donner son avis que sur les grandes questions, et dédaignait presque d'enseigner l'application des principes vulgaires : — il semblait qu'il lui fallut toujours planer dans les régions ardues et sereines du droit pur. — Loyal et sincère en toutes choses, il avait pour ses clients toute la sévérité impitoyable d'un magistrat. Dans tous ses conseils il mettait une telle délicatesse, qu'on ne le vit jamais signer un complaisant mémoire pour une cause où le plus léger doute pouvait inquiéter sa conscience.

Ces mœurs puritaines, Messieurs, ne sauraient être en trop grand honneur parmi nous, car, sans la pureté des principes, le talent y peut facilement devenir le complice mercenaire de bien des fraudes et des iniquités. — On a dit, il est vrai, mais à tort, qu'il y avait des nécessités de métier auxquelles il fallait savoir obéir. Confrères du stage, montrons-nous toujours les disciples de M. Tessier. Plaise à Dieu que nous ne transigions jamais avec ces prétendues nécessités ! M. Tessier n'en connaissait qu'une seule à laquelle l'avocat fût soumis, c'est le souci de son honneur ; — et, plus nous sommes affranchis de tout contrôle, plus il pensait que nous devions être pour nous-mêmes des juges difficiles et scrupuleux. — Sans doute, avec de pareils sentiments, il fut dupe de la mauvaise foi et de l'ingratitude... On laissa souvent sans récompense ses services les plus dévoués ; mais la crainte de semblables déceptions n'est point faite pour nous détourner de son exemple. En abordant les dures épreuves de notre ministère, n'avons-nous pas appris qu'elles ne pouvaient convenir à ceux que l'abnégation effraie ou que l'appât d'un lucre immodéré tente? Ne savions-nous pas que le temple de la vérité et de la justice n'est point un lieu où l'on trafique de la parole, et que ce serait en profaner le saint caractère que d'y faire jamais entendre les accents d'une conviction vénale?

En se montrant ainsi fidèlement attaché à tous les devoirs de notre profession, M. Tessier, bien qu'isolé de ses confrères par la nature même de ses occupations théoriques, n'en obtint pas moins leurs sympathies unanimes et constantes. — Pendant tout le cours de sa longue carrière, Messieurs, il a reçu de nous le prix de ses vertus. Plusieurs fois bâtonnier de notre Ordre, longtemps avant sa mort il était devenu inamovible à notre Conseil de discipline. Nul, du reste, ne portait plus haut que lui la fierté de ces honneurs. A ses yeux, le bâtonnat était une fonction sacrée qui devait s'exercer avec toute la dignité d'un sacerdoce. Du jour où il en était investi, ses manières perdaient à notre égard de leur familiarité ordinaire, et devenaient presque solennelles. Alors il quittait ses habitudes sédentaires, et se montrait à chaque instant sur la brèche, prêt à remplir les charges imprévues de sa mission. Mais un trait, que tous nos anciens m'ont rapporté, témoigne plus énergiquement encore de l'importance qu'il y attachait. Lorsque c'était un de ses vieux amis qui devenait l'élu, pendant toute la durée de son mandat il s'abstenait de le tutoyer et l'entourait des égards du plus sérieux respect.

Quelques-uns ont pu ne voir là peut-être que le naïf hommage d'une déférence puérile. Pour nous, Messieurs, nous y voyons la touchante expression du religieux amour qu'inspirait à Tessier tout ce qui pouvait intéresser le Barreau. M. Dupin l'a dit dans une page éloquente : « Cet amour, si » indispensable pour bien faire sa profession, doit aller » jusqu'à la passion, jusqu'à l'idolâtrie. » — Gloire donc à ceux qui portent dans leur âme un tel feu sacré ! Leur zèle ardent anime les plus tièdes, et sert à entretenir au milieu de nous la chaleur, l'union et la vie. Fasse le ciel, Messieurs, qu'il nous en naisse beaucoup de ces fervents apôtres, car la force de notre corporation est tout entière dans leurs mains. Si, à travers bien des vicissitudes, en effet, nous avons toujours triomphé des préventions et des préjugés qui n'ont pas laissé de nous poursuivre, ce n'est pas seulement parce que nous prêtons à la justice les lumières d'un utile concours — (bien d'autres institutions utiles ont fait naufrage autour de nous !), — c'est surtout parce qu'il s'est toujours rencontré dans nos rangs des hommes supérieurs voués corps et âme au culte de notre Ordre. Ce sont eux, croyez-le bien, qui, à toute époque, ont été pour lui l'inébranlable rempart contre lequel sont venues échouer mille attaques injustes. C'est à l'autorité de leur nom, au poids de leur protection, que nous devons de conserver encore dans leur intégrité toutes les franchises et toutes les prérogatives des premiers jours.

Ce n'était pas, toutefois, dans les seules dignités dont notre Compagnie dispose que M. Tessier devait trouver le couronnement de sa vie laborieuse et honnête. Une distinction d'autant plus précieuse au Barreau qu'on en est moins prodigue à son égard, devait lui prouver tout le cas que la justice faisait de ses œuvres. — Le 30 mai 1849, il fut nommé chevalier de la Légion d'Honneur.

Si ce titre, Messieurs, hélas ! trop souvent surpris par l'intrigue, eut jamais un sens et une valeur, c'est, à coup sûr, lorsque notre vénérable confrère en prit l'insigne. Certes, il n'en fut exclusivement redevable qu'au mérite le plus pur, et en devint même bénéficiaire sans en avoir été solliciteur. J'ai appris de source certaine, en effet, que l'initiative de cette décoration appartient exclusivement à l'un des éminents magistrats de notre Cour, lors procureur général du ressort de Bordeaux, M. Troplong, — et que M. Tessier en reçut la nouvelle avant qu'on lui en eût fait naître l'espérance. — C'est ainsi qu'il fallait le surprendre. Cloîtré dans sa studieuse retraite, il n'était point homme à convoiter les vaines satisfactions de l'amour-propre, et n'eût point fait un pas ou une démarche pour attirer les regards de la faveur.

Cette année même, Messieurs, où ce ruban venait s'attacher à la boutonnière d'Honoré Tessier, fut marquée d'un deuil ineffaçable pour le Barreau. C'est en 1849 que M. Ravez a fini sa noble carrière. Ce fut Tessier qui représenta notre Ordre aux obsèques de cet homme éminent. Parmi les discours qui furent prononcés sur sa tombe, le sien se fit remarquer par l'émotion vraie de la douleur. — Peu de temps après, dans un éloquent éloge, il voulut nous décrire en traits vigoureux ce qu'avait été parmi nous cette grande et sereine figure, — et, quelques années plus tard, c'était encore lui qui devait payer notre tribut à cet illustre nom, aux funérailles du fils aîné, Auguste Ravez, ancien premier avocat général au siége de notre Cour.

A l'accomplissement de tous ces devoirs de confraternité M. Tessier mit toujours un empressement infatigable. — Il semblait l'âme de toutes nos réunions. Chaque fois qu'il y avait une réjouissance, une fête quelconque parmi nous, il était toujours un des premiers à s'y rendre, et l'un de ceux dont la cordiale humeur s'épanchait le plus volontiers avec tous. — Il s'était fait le continuateur de souvenirs trop oubliés de nos jours. Vous savez, Messieurs, que nos pères n'ont pas pour seuls titres de noblesse leurs fastueuses harangues et leurs pompeux plaidoyers. Les ravissantes productions écloses à l'ombre du Caveau leur eussent encore mérité des parchemins. Il est telle idylle élégante de Ferrère, telle mordante satire de Peyronnet, tel sonnet ou tel rondeau de Martignac qui valent certaines œuvres des meilleurs maîtres. Eh bien! M. Tessier s'efforçait généreusement de soutenir le lustre pâli de ces traditions poétiques. — Il n'assistait pas à un banquet sans y convier aussi sa muse, et sans y faire entendre quelque charmante pièce de vers. Sa plume exercée connaissait à fond les secrets du métier, et, si l'influence secrète du Dieu ne soutenait pas toujours son inspiration, sa lyre, du moins, ne faisait jamais entendre de dissonnants accords.

Chose singulière, Messieurs, et qui m'a déconcerté, je l'avoue : — c'est dans les essais badins, les fantaisies folâtres qu'il s'exerçait surtout. — A cet esprit sérieux, profond et érudit, tout nourri d'Ulpien, de Barthole et de Cujas, il m'eût semblé que nul sujet ne pouvait paraître assez sévère, et que, tout au moins, la solennelle majesté de l'alexandrin pouvait seule convenir... — Point du tout ! Ce sont les petits vers, — les couplets croisés, — les tercets et les quatrains qu'il cultivait de préférence. Il chantait avec entrain les joies et les plaisirs de ce bas monde, le printemps, l'amour, la douce ivresse des festins. — Il poursuivait Chloris des madrigaux les plus délicats, et se montrait dans ses odes à Comus un vrai disciple d'Horace.

A tout prendre, cependant, Messieurs, et revenu de ma première surprise, il n'y a peut-être là rien que de très-naturel. — Les rudes labeurs de la science peuvent rider le front, mais ne flétrissent point la pensée. — Loin de ravir à l'imagination cet épanouissement de la première aurore, ils ne contribuent le plus souvent qu'à lui conserver tout son parfum de jeunesse. La vie du savant est, en effet, une vie toute contemplative, tout idéale, affranchie des liens et des tracas terrestres, où la joie sans cesse renouvelée du progrès et des découvertes entretient l'esprit dans une douce et constante béatitude. Toujours absorbé par ses chers travaux, le savant traverse la société sans y rien voir des misères qui l'affligent, des rivalités qui la divisent et des passions qui la troublent. Rien ne vient, de la sorte, altérer la sérénité de son cœur. Lorsqu'il descend des sommets nuageux où d'ordinaire il habite, il n'est donc pas étonnant qu'il apporte au milieu de nous toute la fraîcheur vivace des natures neuves et primitives. — Si le doigt de Dieu a mis alors au fond de son âme un grain d'enthousiasme, de tendresse et de gaieté, il peut soudain s'improviser, comme Tessier, un joyeux poète ! — Et qui sait, grand Dieu ! tous les secrets du cœur humain ? — Il affecte un ton d'autant plus frivole et plus léger, que l'objet habituel de ses méditations est peut-être plus grave. — Ne doit-il pas y avoir un charme indicible pour lui à chercher dans ses délassements un parfait contraste ?

A côté de certains morceaux pleins d'un cordial enjouement, une note mélancolique se faisait cependant parfois entendre. — Un souvenir, un regret venaient tout à coup l'assombrir et voiler ses yeux d'une larme. C'était un ami qui n'était plus et dont il voyait la place vide ; — c'était la froidure de l'âge qui l'avertissait du terme fatal. Sa tristesse se montrait alors pleine de philosophie. Écoutez-le au milieu d'une de ses pièces les plus piquantes :

> Il est un terme à tout voyage :
> Le mien est bien près de finir.
> Aurai-je votre souvenir,
> Couché sous le dernier ombrage ?

Ailleurs :

> J'étais joyeux : j'avais en face
> Un autre ami dans nos repas...
> Déjà six ans qu'il ne vient pas !
> Voyez, le temps bien vite passe.

Ailleurs encore :

> Fi de la triste froidure...
> Assez de glace ont les vieux ans ;
> Mais combien j'aime du printemps
> Et le soleil et la parure !
> Cette belle saison, voici
> Qu'on la croirait déjà venue :
> Tout plaît où se porte ma vue,
> Et je sens qu'on renaît ici.

Assurément, Messieurs, il n'y avait point dans M. Tessier le véritable souffle de la poésie, et l'on rencontre rarement cette forme originale, cette souplesse et cette fécondité d'imagination qui n'appartiennent qu'au vrai poète ; — mais c'était un homme de goût, — un rimeur facile et souvent heureux, — un lettré habile dans l'art du pastiche. Il possédait à fond tous ses vieux classiques, et tirait de ses réminiscences un utile parti. Il savait, du reste, apprécier son talent à sa juste valeur, et ne songea jamais à le produire que dans le sein indulgent de l'amitié : — aussi sa simplicité en doubla-t-elle toujours le prix.

La dernière fois, Messieurs, que cette voix aimée s'est fait entendre parmi nous, c'est au banquet offert par notre Ordre à M. Dufaure, le 17 février 1863. Tous ceux qui ont eu le bonheur d'y assister n'ont pas oublié l'éclat de la réception qui fut faite au puissant maître. Nous fêtions en lui un des plus grands orateurs dont notre Barreau ait nourri l'enfance, un des plus nobles caractères qui soient sortis de notre sein, une des gloires les plus pures enfin qui nous aient donné leurs premières fleurs. Vous vous rappelez tous l'allocution éloquente que sut inspirer à notre bâtonnier d'alors cette touchante réunion, et la réponse pleine de mesure, de tact et de vigueur qu'y fit notre illustre invité. Dans ce jour d'enivrement, la verve de Tessier ne pouvait rester muette. A son tour il prit son luth, et célébra les triomphes de son ancien ami. Permettez-moi de vous rappeler sa première strophe, qui me semble remplie d'une bonhomie naïve :

> Voilà déjà bien des années
> Que vous avez quitté ces lieux...
> Combien vite elles sont passées,
> Que d'amis vous retrouvez vieux !
> Je suis doyen, j'ai le plus d'âge ;
> Mais le cœur ne vieillit pas ;
> Aussi, sur la première page,
> J'étais inscrit pour ce repas.

Ces goûts littéraires, Messieurs, étaient un complément gracieux et pittoresque à la sévère physionomie de notre confrère ; mais, à côté du savant et du poète, il y avait aussi l'homme de cœur. Dans les détails de l'existence intime, M. Tessier a toujours été, par son aménité et sa bienveillance, le type parfait de l'excellent confrère. On trouvait souvent chez lui de ces attentions courtoises qui n'appartiennent qu'aux natures les plus élevées. — Je ne veux, Messieurs, vous en citer qu'un exemple.

Lorsque la plume élégante de M⁰ Lusseaud traça naguère la biographie de Guadet, il s'adressa à M. Tessier pour obtenir de lui certains documents. M. Tessier, selon son habitude, mit la plus grande obligeance à le servir, et lui procura quelques manuscrits précieux du célèbre Girondin. — Dès qu'il eut terminé son œuvre, notre confrère s'empressa soigneusement de rapporter le dépôt qui lui avait été confié. A peu de jours de là, M. Tessier, le rencontrant par hasard dans la rue, vint à lui et l'arrêta brusquement : — « Eh » quoi ! lui dit-il, je prends la peine de t'envoyer des ma- » nuscrits, et tu ne les ouvres même pas ! — Mais par- » don, répond Mᵉ Lusseaud, je les ai si bien ouverts et lus » que vous en verrez la preuve dans mon discours. — C'est » justement là ce qui m'étonne, reprend alors M. Tessier ; » on ne m'a pas habitué à tant d'exactitude. Je pensais que

» l'intérêt qu'aurait pour toi cette lecture t'engagerait à gar-
» der des pièces aussi curieuses et aussi rares... » — Là-
dessus ils se séparèrent. Mais quel fut, Messieurs, l'étonne-
ment de Mᵉ Lusseaud quand il rentra chez lui ! — Il trouva
un paquet à son adresse renfermant les manuscrits en question, et un billet de son ancien, qui déclarait ne pouvoir
mieux honorer la mémoire de Guadet qu'en restituant ce qui
émanait de sa main à l'auteur de son brillant éloge.

Un pareil trait se passe de commentaire et dit assez par
lui-même tout ce qu'il y avait de délicatesse dans cette âme
généreuse.

Le dévouement de Tessier pour tout ce qui touchait à
notre Ordre éclatait surtout dans ses rapports avec ses jeunes
confrères. Toutes les fois qu'il dut diriger les exercices du
stage, il se signala par l'exactitude et le soin qu'il sut y apporter. Il s'ingéniait à multiplier les occupations utiles, et à
répandre dans notre conférence une salutaire émulation. Il
était aussi heureux de nous prodiguer ses encouragements
que de nous prêter ses lumières. Tous ceux d'entre nous qui
l'ont eu pour guide ont retiré les meilleurs fruits de ces
sages leçons, et se souviennent avec reconnaissance de sa
sollicitude toute paternelle. — Il ne cessait de nous recom-
mander l'étude comme la source unique des succès mérités,
et ne prisait la facilité dont un heureux début avait pu donner des preuves que s'il entrevoyait pour l'avenir des chances
sérieuses de persistance et de travail. — Ainsi que l'éloquent
magistrat dont le nerveux pinceau nous a récemment dé-
peint le portrait du président de la Seiglière, il critiquait
sévèrement la présomption de ces imprudents novices, qui,
sans même se douter des premiers secrets de l'art oratoire,
ne craignent pas d'affronter, dès l'abord, les périlleux ha-
sards de l'improvisation. Mais, s'il blâmait cette audacieuse
témérité, il avait aussi le plus profond regret que de nouvelles tendances, un besoin excessif d'expédier rapidement

les affaires, ne laissassent plus aujourd'hui, comme autrefois, au jeune Barreau la facilité et les loisirs de développer librement tous ses moyens et tout son zèle.

La vie privée de M. Tessier, Messieurs, a été le miroir fidèle de toutes les qualités dont sa vie confraternelle du Palais nous a donné l'exemple. Il avait au milieu des siens des mœurs patriarcales, et pratiquait religieusement tous les devoirs de famille. — Sa piété filiale à l'égard de ses vieux parents fut exemplaire. Quand la main de Dieu les lui ravit, bien que de nouveaux liens le rattachassent alors à des affections nouvelles, il en montra à ses amis la plus inconsolable douleur. Satisfait, en vrai sage, du sort que la Providence lui avait créé sur cette terre, il ne caressa jamais les rêves creux de l'ambition. Plusieurs fois on lui proposa des places importantes dans la magistrature; il refusa toujours, ne voyant rien au-dessus de sa position modeste, et préférant la douceur d'une liberté obscure à l'illustre esclavage des fonctions publiques. Il eût pu aussi, comme quelques-uns de ses contemporains, chercher à prendre une part honorable aux luttes politiques de son siècle, mais il avait formé le vœu de ne jamais être autre chose qu'avocat. La politique, d'ailleurs, eût été pour sa placide nature bien trop pleine d'orages : — il n'eût point eu la main assez ferme pour y prendre un rôle important. — Il n'était pas de ceux toutefois que les graves questions d'avenir social laissent dans une égoïste indifférence, et souvent il lui arrivait d'exprimer avec chaleur ses secrètes sympathies. — Les grands événements auxquels avait assisté son enfance avaient formé chez lui d'inébranlables convictions. — Il avait applaudi aux bienfaits de 89, tout en déplorant avec amertume les douloureux excès de la Terreur; — il avait admiré le prodigieux éclat que les exploits de Napoléon Ier surent donner à nos armes, mais il avait gémi que tant de trophées inutiles eussent coûté, pendant si longtemps, à la France sa paix et sa liberté. Enfant du tiers-état, à ce titre ennemi impitoyable du privilége et de l'arbitraire, il était, sans couleur de drapeau, l'adversaire du despotisme, quelque forme qu'il revêtit, et pensait que les institutions d'un peuple ne doivent avoir pour but que d'assurer sa tranquillité et son indépendance.

Tel a été, Messieurs, Honoré Tessier. — Élévation de l'intelligence, — noblesse du caractère, — grâces de l'esprit... Ainsi se résume son portrait. Le terme de la destinée l'a surpris dans toute la force de son activité morale, alors qu'il se préparait à faire paraître les œuvres inédites dont je vous ai parlé. — Sa mort n'a peut-être été que le résultat d'une imprudence causée par l'excès de son zèle. Il était atteint d'une affection de poitrine quand vint la précédente rentrée. Il voulut, malgré tout, assister à la cérémonie d'usage. Un de ses amis, le rencontrant à notre chambre faible et alangui, lui reprocha de s'exposer de la sorte à aggraver son état. — « Que veux-tu? lui répondit-il, si, par hasard, » le bâtonnier n'avait pu se rendre, c'était à moi de le rem» placer, et je tenais à me trouver à mon poste. » — Quelques jours plus tard, la maladie faisait de rapides progrès, et il était enlevé à la tendresse de sa famille, à l'affection de notre Ordre, à l'estime publique, le 20 novembre 1863.

Puissé-je, Messieurs, avoir rendu à la mémoire de ce regretté confrère un hommage digne de lui! — En fouillant ce champ sacré des morts, il m'a fallu aussi remuer les cendres de toutes nos grandeurs contemporaines. Ce n'aura pas été, je l'espère, sans profit. Parcourir ce vaste ossuaire de nos gloires éteintes, c'est visiter le monument sacré de notre histoire. — Tout ce passé est notre commun patrimoine; — nous en sommes les dépositaires responsables, et notre devoir est de n'en rien laisser dépérir. — Au début d'une carrière où tant d'épreuves viendront ébranler nos âmes, pour les retremper et les affermir, nous ne saurions trop souvent, chers confrères du stage, aller méditer sur ces majestueux souvenirs. — Ce sont de tels exemples qui entretiennent le courage. — A contempler les portraits de ces immortels devanciers, nous ne trouvons pas seulement le vain plaisir d'un infécond orgueil, nous nous formons à en devenir les dignes continuateurs. Rude et laborieuse tâche, sans doute ! mais qui ne se sent honoré d'en supporter le noble fardeau ? La foi dans l'avenir, les rayons de l'espérance dorent encore à nos yeux l'horizon de la vie ; — c'est l'heure des généreux enthousiasmes et des résolutions saintes : — sachons la mettre à profit, et ne laisser aucun germe stérile. — Lorsque le soleil pâli du dernier rivage sera venu glacer nos fronts, comme Honoré Tessier, nous n'emporterons de ce monde que ce que nous y aurons fait de grand, d'utile et de bien !

www.ingramcontent.com/pod-product-compliance
Lightning Source LLC
Chambersburg PA
CBHW060918050426
42453CB00010B/1795